BEI GRIN MACHT SICH IHR WISSEN BEZAHLT

- Wir veröffentlichen Ihre Hausarbeit, Bachelor- und Masterarbeit

- Ihr eigenes eBook und Buch - weltweit in allen wichtigen Shops

- Verdienen Sie an jedem Verkauf

Jetzt bei www.GRIN.com hochladen und kostenlos publizieren

Das Zusammenspiel von Emotion, Motivation und Volition

Lea Schlindwein

Bibliografische Information der Deutschen Nationalbibliothek:

Die Deutsche Nationalbibliothek verzeichnet diese Publikation in der
Deutschen Nationalbibliografie; detaillierte bibliografische Daten sind
im Internet über http://dnb.d-nb.de abrufbar.

ISBN: 9783346539663
Dieses Buch ist auch als E-Book erhältlich.

© GRIN Publishing GmbH
Nymphenburger Straße 86
80636 München

Druck und Bindung: Books on Demand GmbH, Norderstedt Germany
Gedruckt auf säurefreiem Papier aus verantwortungsvollen Quellen

Das Buch bei GRIN: https://www.grin.com/document/1151974

Einsendeaufgaben

Das Zusammenspiel
von Emotion, Motivation und Volition

abgegeben am 12. Mai 2019 im Prüfungssekretariat

SRH Fernhochschule

Modul: Allgemeine Psychologie II

Studiengang: Psychologie (B.Sc.)

von

Lea Schlindwein

Studiengang: Psychologie (B.Sc.)

Abkürzungsverzeichnis

ANS	autonomes Nervensystem
EEG	Elektroenzephalographie
EMG	Elektromyographie
EMNID	Erforschung öffentlicher Meinung, Marktforschung, Nachrichten, Informationen und Dienstleistungen
fMRT	funktionelle Magnetresonanztomographie
FACS	Facial Action Coding System
PET	Positronen-Emissions-Tomographie
USA	United States of America
US	United States
v. Chr.	vor Christus

Abbildungsverzeichnis

Tabellenverzeichnis

1. Glück

1.1 Allgemein

Glück ist in der modernen Psychologieforschung ein Synonym für Wohlbefinden. Hierbei ist das hedonistische Wohlbefinden von dem eudämonischen Wohlbefinden zu unterscheiden. Die hedonistische Perspektive bezieht sich auf das Verspüren von Genuss und Lust, weshalb Handlungen ausgeführt werden, die derartige Empfindungen auslösen. Das primäre Ziel ist das Aufsuchen von positiven Gefühlszuständen und das Vermeiden von negativen Stimmungslagen. Somit zeichnet sich ein glückliches Leben durch eine günstige Bilanz dieser aus. Bei der eudämonischen Betrachtungsweise werden die externen Umweltfaktoren und damit zusammenhängend die Möglichkeiten menschlichen Handelns analysiert. Hierbei werden Individuen glücklich, wenn sie selbstbestimmt leben, die ihnen gestellten Aufgaben bewältigen, sich persönlich entwickeln, in ein zufriedenstellendes soziales Konstrukt eingebunden sind, ein hohes Selbstwertgefühl besitzen und in ihrem Dasein eine Sinnhaftigkeit erkennen.[1]

Da der Begriff Glück mit vielen weiteren tangiert, muss eine Abgrenzung vorgenommen werden:

Belastungsfreiheit	Freude	Zufriedenheit	Glück
=Sorglosigkeit schwache Emotion langfristig	=positive Energie starke Emotion kurzfristig	=befriedigende Situations-einschätzung schwache Emotion langfristig	=positives Lebensgefühl starke Emotion mittelfristig

Abgrenzung tangierender Glücksbegriffe.[2]

---

[1] Vgl. Bodenmann, Jäncke, Petermann, Schütz & Wirtz, 2017, S.1840.
[2] Vgl. Jansen, 2018, S.67.

Gemäß der Unterscheidung in States und Traits sind die Belastungsfreiheit bzw. die Freude als States und die Zufriedenheit bzw. das Glück als Traits zu klassifizieren. Denn sowohl die Belastungsfreiheit als auch die Freude sind von situativen Bedingungen abhängig, während die Zufriedenheit und das Glück den Persönlichkeitsmerkmalen eines Menschen zuzuordnen sind.[3]

1.2 Einflussfaktoren

Es existieren viele Faktoren, die das menschliche Wohlbefinden beeinflussen. Insgesamt sind vier übergeordnete Gesichtspunkte festzustellen:

1. Genetische, persönlichkeitsbezogene bzw. biologische Merkmale,
2. Soziodemografische Aspekte,
3. Soziale Integration und[4]
4. Glauben.[5]

Genetische, persönlichkeitsbezogene bzw. biologische Merkmale:

Die Genetik spielt wie in vielen anderen Bereichen des Erleben und Verhaltens eine bedeutende Rolle beim Erfahren von Glück. In den vergangenen 30 Jahren konnte durch diverse Studien eine genetische Determinante von 50 Prozent ermittelt werden. Ergebnisse früherer Untersuchungen postulierten daher, der Mensch habe keinen Einfluss auf sein subjektives Glücksempfinden. Jedoch haben sich die Forscher mit dem Fortschritt der Zeit von dieser pessimistischen Ansichtsweise entfernt und heben die aktive Rolle des Individuums bei der Gestaltung seines Lebensglücks hervor.[6] Eine ebenso hohe Erblichkeitsrate haben Persönlichkeitseigenschaften, von denen bestimmte auf das menschliche Wohlbefinden einwirken. Seit der Etablierung des Big Five Persönlichkeitsmodells, werden die Wesenszüge Verträglichkeit, Extraversion,

---

[3] Vgl. Montag, 2016, Kapitel 2 Absatz 2-3.
[4] Vgl. Jansen, 2018, S.69.
[5] Vgl. Bucher, 2009, S.120.
[6] Vgl. Bucher, 2009, S.50.

Gewissenhaftigkeit, Neurotizismus und Offenheit im Zusammenhang mit Glückserleben untersucht.[7] Dabei konnten positive Korrelationen mit den Persönlichkeitsmerkmalen Verträglichkeit, Extraversion und Gewissenhaftigkeit erkannt werden. Hingegen korreliert die Dimension des Neurotizismus negativ mit dem menschlichen Wohlbefinden, während zwischen Offenheit und Glück kein Zusammenhang besteht. Eine Studie von Francis et. al aus dem Jahr 2006 bei der 368 junge spanische Staatsangehörige untersucht worden sind, bestätigte die zuvor ermittelten Resultate. Zudem wurde in ihr darauf hingewiesen, dass extravertierte Personen zwar häufiger angenehme Emotionen empfinden als introvertierte, jedoch nicht weniger von negativen Gefühlen betroffen sind.[8] Neben den genetischen und persönlichkeitsbezogenen Faktoren ist die Gesundheit bedeutend für das Wohlbefinden eines Individuums. Das Befinden kann aus einer objektiven oder einer subjektiven Position bewertet werden, wogegen die neutrale Betrachtung weniger mit Glück einhergeht.[9] Analoge Befunde lieferten Brief et al. durch eine Längsschnittstudie aus dem Jahr 1993. Die beschriebene Erscheinung wird als Pollyanna-Effekt- Neigung der Menschen dazu vorteilhafte Sichtweisen und Behauptungen über sich selbst zu bestätigen, definiert.[10] Dennoch korrelieren rationale Gesundheitsgrößen mit dem Wohlbefinden eines Subjekts. Besonders relevant ist der Blutdruck, denn Blanchflower und Oswald konnten mittels einer im Jahr 2008 durchgeführten zwischenstaatlichen Vergleichsstudie feststellen, dass sich Hypertonie ungünstig auf das Lebensglück auswirkt. Als Grundlage dafür wurden die Kenntnisse über ein hohes Wohlbefinden in Nationen mit niedrigen Blutdruckwerten (Dänemark, Irland) im Vergleich zu Ländern mit hohen Werten (Ostdeutschland, Portugal) genutzt. Demnach beurteilten Menschen ihr Dasein als zufriedenstellender, wenn sie in Regionen mit einem generell geringeren Blutdruck leben (≈ 50% vs. 24%).[11]

---

[7] Vgl. Bucher, 2009, S.51.
[8] Vgl. Bucher, 2009, S.52-53.
[9] Vgl. Jansen, 2018, S.69.
[10] Vgl. Bucher, 2009, S.60.
[11] Vgl. Bucher, 2009, S.61.

Soziodemografische Aspekte:

Ob das Geschlecht Auswirkungen auf das Glücksemfinden eines Individuums hat, wird seit Ende des 20. Jahrhunderts intensiv analysiert. Die dazu ermittelten Ergebnisse sind diskrepant, da beispielsweise die Untersuchungen von Haring, Stock und Okun (1994) sowie die von Røysamb (2002) den Männern ein minimal größeres Lebensglück attestierten als den Frauen. Im Gegensatz dazu fanden Marks und Fleming (1999) durch eine Studie an 5000 jungen Australiern heraus, dass die weiblichen Versuchspersonen um ungefähr 4 Prozent glücklicher sind als die männlichen. Zuvor konnte Inglehart mittels einer im Jahr 1990 durchgeführten Erhebung ähnliche Resultate erzielen.[12] Um die widersprüchlichen Befunde erklären zu können, wickelten Marcelli und Easterlin 2005 eine Untersuchung auf der Basis von repräsentativer US-Daten ab und fanden heraus, dass sich die Verteilung des Glückes zwischen den Geschlechtern über die unterschiedlichen Lebensspannen verschiebt. Somit sind Frauen ungefähr bis zur Erreichung ihres 50. Lebensjahres glücklicher als Männer. Dennoch konnten für die Organismen mit den zwei X-Chromosomen im späten Erwachsenenalter höhere Werte des Wohlbefindens ermittelt werden. Marcelli und Easterlin erklären die Tatsache damit, dass Frauen aufgrund ihrer höheren Lebenserwartung häufiger den Verlust des Ehepartners verarbeiten müssen und sich deshalb einsam fühlen.[13] Darüber hinaus entwickelt das weibliche Geschlecht im frühen Erwachsenenalter drei Mal so oft eine Depressionen wie sein männliches Gegenstück. Demnach sind die Ergebnisse, die den Frauen ein höheres Wohlbefinden als den Männern zuschreiben, mit dem erforschten Depressionsrisiko unvereinbar.[14] Eine Analyse von Brebner aus dem Jahr 2002 mit 2199 australischen Studierenden ergab, dass eine erhöhte Wahrscheinlichkeit zur Ausbildung einer psychischen Erkrankung ein stärkeres Glücksempfinden nicht ausschließt. Dafür verglich er seine Resultate mit einer von Suh im Jahr 1998 durchgeführten Untersuchung, bei der 6868 Hochschüler aus 41 Ländern zum Thema Emotionen befragt wurden. Unter den aufgelisteten Gefühlen waren Glück, Freude und Trübsal. Das Ergebnis war, dass Frauen häufiger zwischen den diversen Emotionen variieren und sie diese stärker

---

[12] Vgl. Bucher, 2009, S.62.
[13] Vgl. Bucher, 2009, S.63.
[14] Vgl. Bucher, 2009, S.64.

erleben. Jedoch waren die Abweichungen zwischen den zwei Geschlechtern in individualistischen Gesellschaften geringer als in kollektivistischen.[15] Die Ursache hierfür ist die Tradition, die in kollektivistisch geprägten Ländern umfangreicher praktiziert wird. Hierzu zählt beispielsweise die männliche Gefühlsunterdrückung. Abschließend kann nicht bestimmt werden, welches Geschlecht prädestinierter für das Erleben von Wohlbefinden ist.[16] Hingegen ist die Lebensphase eng mit dem subjektiven Glücksempfinden verbunden. Während Kinder ihre Stimmungslagen als überwiegend positiv bilanzieren,[17] sind viele Jugendliche in der Adoleszenz unglücklich. Einschlägige Resultate konnten Sweeting und West in einer im Jahr 2003 vollzogenen Untersuchung an 8000 jungen Schotten ermitteln. Dabei gaben 30 Prozent der 11 jährigen und 45 Prozent der 15 jährigen an, momentan unglücklich zu sein. Vergleichbar sind die Informationen von Marks (2004), die einen Rückgang des emotionalen Wohlbefindens zwischen dem 13. und 15. Lebensjahr von 21 Prozent verzeichnen konnten. Bezüglich der Ursprungssuche sind sich die Forscher einig, da sie übereinstimmend physische Vorgänge wie Kopfschmerzen, Hautunreinheiten, erhöhte Schweißproduktion, Gelenkschmerzen bzw. Verdauungsprobleme und hiermit verbundene psychische Unausgeglichenheiten nennen.[18] Im jungen Erwachsenenalter steigt das Wohlbefinden der Menschen an, im mittleren sinkt es, um im späten erneut zuzunehmen.[19] Speziell der Zuwachs im höheren Alter hat die Wissenschaftler überrascht. Eine entsprechende Abhandlung von Menec aus dem Jahr 2003 mit 2000 Kanadiern, die mit einer zeitlichen Distanz von 6 Jahren nach ihrem Wohlbefinden befragt wurden, ergab einen Durchschnittswert von 4.6 (1: sehr unglücklich- 5: sehr glücklich). Hierbei konnte festgestellt werden, dass primär verschiedene Aktivitäten eine positive Stimmungslage begünstigen. Vergleichbare Daten wurden von Griffin, Mroczek und Spiro (2006) erhoben, wobei bis zum 70. Lebensjahr das allgemeine Erleben von Emotionen geringer wurde. Begründet wurden die Forschungsergebnisse mit einer effizienteren Gefühlsregulierung. Hinsichtlich der verschiedenen Lebensstufen ist eine positive Entwicklung des

---

[15] Vgl. Bucher, 2009, S.65.
[16] Vgl. Bucher, 2009, S.66.
[17] Vgl. Bucher, 2009, S.69.
[18] Vgl. Bucher, 2009, S.71.
[19] Vgl. Bucher, 2009, S.72.

seelischen Erregungszustandes ab Vollendung der Adoleszenz erkennbar.[20] Die Hauptgründe sind zum einen die Vielfalt der ausgeführten Tätigkeiten und zum anderen das ausgebildete Bewusstsein darüber, welche Aktivitäten bzw. Menschen für das eigene Wohlbefinden förderlich sind.[21] Ob steigende Bildung mit ausgeprägtem Glück einhergeht, konnte trotz zahlreicher Analysen nicht bestimmt werden. Tangierende Studien aus den USA konnten einen Rückgang des subjektiven Wohlbefindens von Hochschulabsolventen feststellen. Im Jahr 1957 gaben 44 Prozent der Befragten an glücklich zu sein- 21 Jahre später waren es 33 Prozent.[22] Analoge Informationen ermittelten Hartog und Oosterbeek durch eine an 2000 Holländern abgewickelten Untersuchung, bei der das Glückserleben von Schulverweigerern und Akademikern identisch war. Dem widersprüchlich sind die Daten aus der Studie von Michalos (2008), da Bildung häufig mit einer generellen Arbeitszufriedenheit, einem gesunden Lebensstill und einem angemessenen BMI korreliert. Als Auslöser für die diskrepanten Resultate können die geringe Varianz, die hohe Übereinstimmung mit anderen Variablen (Beruf, Einkommen, Gesundheit) sowie die geringe Bedeutung von formalen Bildungsgraden auf die Wertigkeit der vorausgegangenen Prozesse verstanden werden.[23]

Soziale Integration:

Ein weiterer Faktor, der das Glück eines Menschen beeinflusst, ist die zwischenmenschliche Eingebundenheit. Generell kann eine affirmative Verbindung zwischen sozialer Teilhabe und Wohlbefinden bestätigen werden. Im speziellen steigert eine Heirat sowie eine stabile Liebesbeziehung das subjektive Glücksempfinden.[24] Zahlreiche Studien konnten die beschrieben Korrelation bestätigen. Besonders prägnant waren die Resultate einer der weltweit größten durchgeführten Untersuchung, bei der 163000 Verheiratete, Ledige, Verwitwete und Geschiedene zu ihrem aktuellen Wohlbefinden befragt wurden. Das Fazit war, dass verheiratete Menschen allgemein glücklicher sind als Personen, die einen anderen Familienstand besitzen. Denn von den Ehepartnern waren 80 Prozent glücklich, während die Alleinstehenden, die Verwitweten und die

---

[20] Vgl. Bucher, 2009, S.75.
[21] Vgl. Bucher, 2009, S.76.
[22] Vgl. Bucher, 2009, S.76.
[23] Vgl. Bucher, 2009, S.77.
[24] Vgl. Jansen, 2018, S.69.

Geschiedenen zu 74 Prozent, zu 71 Prozent bzw. zu 65 Prozent an gaben ein grundlegendes Wohlbefinden zu verspüren. Stack und Eshleman bestätigten die Ergebnisse in Form von einer Datenanalyse (1998), die durch Informationen aus 17 Ländern abgewickelt wurde. In Folge dessen konnte festgestellt werden, dass die Vermählten in 16 Nationen deutlich glücklicher waren als die Personen mit einem anderen Lebenskonstrukt.[25] Im Zusammenhang mit der Ehe wurde die Wirkung von Kindern auf das menschliche Wohlergehen untersucht. Die Resultate sind widersprüchlich, weil sowohl glücksmindernde als auch glückssteigernde Effekte verzeichnet werden konnten. Zu ersterem zählt die Erhebung von Alesina, DiTella und MacCullock aus dem Jahr 2004, die einen negativen Einfluss von Kindern auf das Wohlergehen der Eltern aufzeigte. Demnach waren Paare ohne Nachkommen und Eltern deren Kinder bereits auszogen sind, glücklicher als solche, die sich aktuell im Erziehungsprozess befanden. Analog führten Clinch und Ferreira (2008) in Irland eine Untersuchung mit identischen Ergebnissen durch. Jedoch erzielte Morill in seiner im Jahr 2005 abgewickelten Erhebung konträre Befunde. Dabei untersuchte er das Wohlergehen von 1295 Hochschulabsolventen, von denen 19 Prozent Kinder hatten. Das Resultat war, dass das Wohlergehen der kinderlosen Akademiker geringer war als das der Mütter bzw. Väter. Überdies waren Alleinerziehende glücklicher als Kinderlose, obwohl das oft gegenteilig postuliert wird. Als erklärenden Grund führte Morill die Überzeugung der befragten Eltern an, da sie sich bewusst für ihre Kinder entschieden hatten. Wobei für sie der Kinderwunsch bedeutsamer ist als eine feste Liebesbeziehung oder eine berufliche Karriere.[26] Indessen ist die glückssteigernde Wirkung von Freundschaften eindeutig. Widersprüche existieren lediglich in der Anzahl und der Qualität der Beziehungen. Myers (2006) vertritt aufgrund einer Untersuchung von repräsentativen US-Daten die Auffassung, dass die Menge der Freunde entscheidend für das Wohlbefinden eines Individuums ist. Danach waren Personen, die mehr als 5 gute Freundschaften pflegten glücklicher als solche, die weniger als 5 enge Freunde hatten (38 Prozent vs. 26 Prozent). Allerdings konnten zahllose Erhebungen das Gegenteil beweisen. Eine von ihnen ist die Studie von Demir und Weitekamp (2007), die an 423 jungen Menschen vollzogen

---

[25] Vgl. Bucher, 2009, S.94.
[26] Vgl. Bucher, 2009, S.100.

wurde. Demzufolge bestimmt die Wertigkeit der Beziehung darüber, ob durch sie das Wohlbefinden maximiert werden kann. Im selben Jahr führten Demir, Weitekamp und Özdemir eine weitere Untersuchung durch, mit deren Unterstützung sie unterschiedliche Freundschaftsvariablen für das menschliche Glück bestimmen wollten. Hierbei war erneut die Kontaktqualität am entschiedensten. Neben der häufig eingesetzten Fragebogentechnik konnten Zeitstichproben ähnliche Befunde erzeugen. Csikszentmihalyi und Wong fragten im Jahr 1991 zu willkürlichen Zeitpunkten Studierende nach ihrem aktuellen Wohlergehen. Das Ergebnis war unmissverständlich, da sowohl in den USA als auch in Italien die Hochschüler am glücklichsten waren, wenn sie Zeit mit ihren Freunden verbrachten.[27]

Glauben:

Religiosität hat die Fähigkeit Menschen glücklich zu machen. Unzählige Erhebungen konnten den positiven Zusammenhang zwischen Wohlbefinden und Glauben bestätigen. Eine von ihnen ist im Jahr 2002 von Ferris abgewickelt worden, dabei wurde sich bei 34942 US-Bürgern nach ihren Gottesdienstbesuchen erkundigt. Das Fazit war, dass Personen die regelmäßig an einer Messe teilnahmen, ihr Leben insgesamt günstiger bewerteten. Im Speziellen waren Kirchengänger um 20 Prozent glücklicher als Individuen, die nie einen Gottesdienst besuchten (47 Prozent vs. 27 Prozent). Zudem waren sie im Vergleich seltener unglücklich (9 Prozent vs. 18 Prozent). In der gleichen Untersuchung von Ferris konnte keine Verknüpfung zwischen einem höheren Wohlbefinden und einem Jenseitsglauben festgestellt werden. Dementgegen konnten andere Analysen eine positive Korrelation unter den aufgeführten Variablen bestätigen.[28] Ebenfalls diskrepant sind die Forschungsergebnisse, die sich auf die interkulturellen Unterschiede beziehen. Snoep untersuchte im Jahr 2008 die Daten der Weltwertstudie auf Verbindungen zwischen Wohlergehen und Glauben. Hierdurch konnte er lediglich eine Signifikanz in den USA belegen, jedoch nicht in Holland und Dänemark. Als Begründung wird der größere Wert der Religion in den USA verglichen mit europäischen Staaten genannt. Sowohl Lewis (2002) mit einer Erhebung an nordirischen Studenten als auch Francis,

---

[27] Vgl. Bucher, 2009, S.101.
[28] Vgl. Bucher, 2009, S.121.

Ziebertz und Lewis (2003) mittels einer Untersuchung an deutschen Studenten, konnten die aufgeführte Ursache bekräftigen. Dennoch produzierte eine EMNID-Studie aus dem Jahr 1992 andere Resultate, denn die untersuchten Messeteilnehmer in Deutschland waren um 10 Prozent glücklicher als ihre Vergleichspersonen.[29] Dessen ungeachtet kann ein Gottesglauben einen gegenteiligen Effekt erzielen. Beispielsweise wird im Christentum den Menschen häufig vermittelt, dass sie es nicht wert seien, dass sich Gott ihnen annimmt. Des Weiteren verbieten die meisten Glaubensrichtungen lustvolle Aktivitäten-exemplarisch dafür ist das Ausleben der Sexualität. Besonders Liebesformen, die von der religiösen Tradition abweichen, werden abgelehnt und im äußersten Fall mit dem Tod sanktioniert. Außerdem kann eine Glaubenszugehörigkeit in einem übersteigerten Schuldbewusstsein resultieren, weil den Menschen regelmäßig vermittelt wird, dass ihre Handlungen nicht angemessen sind. Aus all dem ist ein vorsichtiges Ausleben von Religion zu schließen, da sie zum einen das Leben der Menschen bereichern und zum anderen das Potenzial zu dessen Beeinträchtigung besitzt.[30]

1.3 Auswirkungen

Glückliche Menschen haben eine überwiegend positive Affektivität, aus der viele weitere Vorteile für die Lebensgestaltung entstehen:

1. Bessere kognitive Leistungen,
2. Stabilere soziale Kontakte,
3. Erfolg im Beruf und
4. Gesundheit.[31]

---

[29] Vgl. Bucher, 2009, S.122.
[30] Vgl. Bucher, 2009, S.123.
[31] Vgl. Martens, 2014, S.49.

Bessere kognitive Leistungen:

Das Verspüren einer gehobenen Stimmungslage unterstützt die Organismen dabei, schneller und flexibler auf unerwartete Schwierigkeiten zu reagieren. Hiermit verbunden ist eine gesteigerte Kreativität, die sich in allen Lebensbereichen widerspiegelt. Ein zusätzlicher Nutzeffekt ist das leichtere Erlenen von neuen Informationen bzw. Verfahren. Dadurch eignen sich glückliche Menschen effektivere und effizientere Stressbewältigungsstrategien an, bei denen ein ständiger Fortschritt zu verzeichnen ist.[32]

Stabilere soziale Kontakte:

Aufgrund der positiven Korrelation zwischen Wohlergehen und Mitgefühl führen zufriedene Menschen gute bzw. resistente zwischenmenschliche Beziehungen. Als Resultat ihres Einfühlungsvermögens attribuieren sie günstiger das beobachtete menschliche Verhalten und sind deshalb weniger feindselig bzw. selbstsüchtig. Ihre Aktivität unterstützt sie bei der Aufrechterhaltung ihrer vielen Sozialkontakte. Zudem sind sie altruistischer und zuvorkommender als unzufriedene Individuen.[33]

Erfolg im Beruf:

Diverse Untersuchungen haben gezeigt, dass Glück die Produktivität steigert. Darüber hinaus wirkt sich das Wohlergehen einer Person auf ihr Arbeitseinkommen aus, da glückliche Erwerbstätige sowohl von ihren Chefs als auch von Arbeitskollegen positiver beurteilt werden. Hierneben haben zufriedene Individuen höhere Ambitionen und sind ausdauernder bei der Erreichung dieser.[34]

Gesundheit:

Ein weiterer Vorteil, der durch eine positive Gemütslage begünstigt wird, ist ein belastbares Immunsystem. Tangierende Erhebungen konnten feststellen, dass glückliche Organismen seltener an Erkältungen und Herz-Kreislauf-Problemen erkranken als unglückliche. Zusätzlich reduziert die lebensbejahende Affektivität

---

[32] Vgl. Heining, 2018, Kapitel 1.4 Absatz 2.
[33] Vgl. Martens, 2014, S.49.
[34] Vgl. Heining, 2018, Kapitel 1.4 Absatz 12.

das Risiko mit Krankheiten infiziert zu werden.[35] Im Gesamten belegen zahlreiche Studien eine positive Korrelation zwischen einem langen Leben und Wohlergehen.[36]

2. Forschungsmethoden Emotionspsychologie

2.1 Unterscheidung

Emotionen können als abhängige oder unabhängige Variable untersucht werden. Eine Analyse als abhängige Variable setzt voraus, dass die Ausbildung der Emotion in Folge von anderen Variablen beobachtet werden soll. Demgegenüber bedingt eine Emotion als unabhängige Variable, die Betrachtung von korrelierenden Prozessen wie beispielsweise Gedanken und Handlungen.[37]

Um Emotionen in Sachverhalten als abhängige Variable beleuchten zu können, bedarf es der Anwendung von Messverfahren, die die Entstehung und die Stärke der Gefühle erfassen. Bei der Untersuchung von Emotionen als unabhängige Variable, müssen diese zunächst durch bestimmte Techniken induziert und im Anschluss auf berührende Wirkungsfelder geprüft werden.[38]

Das folgende Kapitel gibt einen Überblick über die Methoden der Emotionsmessung, wobei die Emotionen als abhängige Variable auftreten.

---

[35] Vgl. Heining, 2018, Kapitel 1.4 Absatz 9-10.
[36] Vgl. Martens, 2014, S.48.
[37] Vgl. Jansen, 2018, S.39.
[38] Vgl. Jansen, 2018, S.39.

2.2 Methoden Emotionsmessung

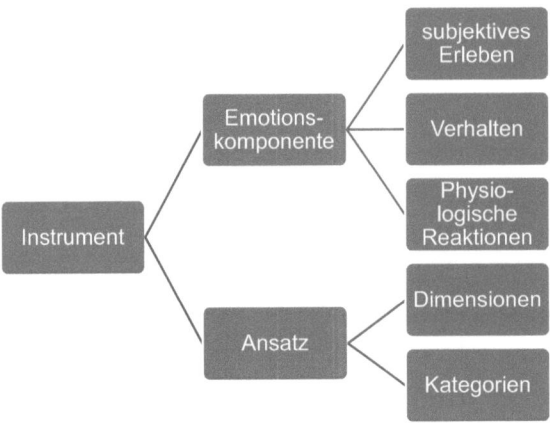

Unterscheidung Instrumente zur Emotionsmessung.[39]

Instrumente zur Erfassung von Emotionen können zum einen durch die Komponente (Subjektives Erleben, Verhalten oder Physiologische Reaktionen) und zum anderen durch den theoretischen Ansatz (Dimensionen oder Kategorien) differenziert werden. Im weiteren Verlauf der Arbeit wird die Unterteilung in Komponenten genutzt.[40]

Subjektives Erleben:

Der Aspekt des subjektiven Erlebens wird bei der Emotionsmessung mittels standardisierter Fragebögen berücksichtigt. Hierbei werden die Probanden gebeten introspektiv, retrospektiv oder prospektiv über ihre Emotionen zu berichten. Durch den Einsatz von mehrstufigen Items, die in ihrer Bedeutung unterscheidbar sind, können Gesichtspunkte wie Stärke, Länge und Vorkommen der Gefühle ermittelt werden. Hinsichtlich der Stärke kann die Versuchsperson

---

[39] Vgl. Brandstätter, Lozo, Puca & Schüler, 2018, Kapitel 11.2 Absatz 2 bzw. 11.2.1 Absatz 6.
[40] Vgl. Brandstätter, Lozo, Puca & Schüler, 2018, Kapitel 11.2 Absatz 2 bzw. 11.2.1 Absatz 6.

sowohl introspektiv als auch retrospektiv über ihre Emotion aussagen. Indessen ist eine retrospektive Darstellung in Bezug auf Länge und Vorkommen die Norm.[41] Hat die Testperson umfassend über ihr Gefühlsleben informiert, werden die Resultate des Fragebogens zu einem Gesamtwert zusammengefasst, der mit den ermittelten Durchschnittswerten abgeglichen wird.[42]

Die Methode des Selbstberichts hat viele Vorteile- einer von ihnen sind die niedrigen Kosten. Des Weiteren ermöglicht der Einsatz von Fragebögen Anonymität bei dessen Bearbeitung sowie Flexibilität bezüglich des Ortes der Ausfüllung. Aufgrund der Skalierung sind sie einfach bzw. schnell auszuwerten, weshalb die Ergebnisse rasch verwendet werden können. Dennoch existieren im Zusammenhang mit der Selbstberichterstattung einige Nachteile. Der Zeitpunkt der Befragung ist entscheidend, da eine rückblickende Emotionsbewertung mit Rekonstruktionsfehlern und Gedächtnisabweichungen verbunden ist. Überdies sind Emotionseinschätzungen zu fiktiven Ereignissen weniger gültig als Momentaufnahmen. Eine weitere Schwäche der Methode ist die Beantwortung der Fragen nach gesellschaftlicher Akzeptanz. Menschen mit einem derartigen Bedürfnis werden dazu geneigt sein, über negative Empfindungen nicht oder unwahr zu berichten.[43] Zudem beeinträchtigt eine Alexithymie die Validität der Testresultate, weil es den betroffenen Individuen nicht gelingt ihre Emotionen wahrzunehmen und zu benennen.[44] Außerdem können die in einer Gesellschaft vorherrschenden Werte und Normen die Forschungsbefunde verfälschen.[45]

Verhalten:

Anhand des Verhaltens eines Menschen ist es möglich dessen emotionalen Zustand zu erfassen. Dabei werden Faktoren wie Stimme, Mimik, Körperhaltung oder Ganzkörperverhalten analysiert. Aufgrund der geringeren Bedeutung von Körperhaltung und Ganzkörperverhalten im wissenschaftlichen Kontext werden im Folgenden lediglich die Aspekte Stimme und Mimik behandelt.[46]

---

[41] Vgl. Brandstätter, Lozo, Puca & Schüler, 2018, Kapitel 11.2.1 Absatz 3.
[42] Vgl. Brandstätter, Lozo, Puca & Schüler, 2018, Kapitel 11.2.1 Absatz 2.
[43] Vgl. Brandstätter, Lozo, Puca & Schüler, 2018, Kapitel 11.2.1 Absatz 4.
[44] Vgl. Hofmann, 2018, S47.
[45] Vgl. Dreisbach & Horstmann, 2017, S.133.
[46] Vgl. Brandstätter, Lozo, Puca & Schüler, 2018, Kapitel 11.2.2 Absatz 1.

Hinsichtlich der Stimme ist zwischen der Tonstärke und der Tonhöhe als Komponente zur Emotionserfassung zu unterscheiden. Eine hohe Lautstärke ist mit einer starken emotionalen Erregung verbunden, während eine niedrige Tonstärke mit einer geringen emotionalen Aufregung einhergeht. Vergleichbare Beziehungen konnten in Bezug auf die Stimmlage ermittelt werden.[47]

Neben der Stimme ist der Gesichtsausdruck eine zuverlässige Quelle zur Messung von Gefühlsregungen. Aktuell werden zwei Techniken eingesetzt, um die mimischen Ausdrucksbewegungen aufzeichnen zu können. Die erste Methode wird als FACS (=Facial Action Coding System) bezeichnet und löst Gesichtsausdrücke auf der Basis von Bildern bzw. Videofrequenzen aus. Dazu werden 44 Mienen wie zum Beispiel das Anheben der Augenbrauen oder das Stirnrunzeln unterschieden. Ein autonomer Betrachter beurteilt daraufhin, welche Emotion durch das Foto bzw. den Filmausschnitt hervorgerufen werden sollte. Darüber hinaus bezieht sich die Bewertung der mimischen Ausrücke auf die Intensität, die Länge, die Kombination und die Frequenz dieser. Zum Schluss werden die dokumentierten Mienen den gewöhnlich gezeigten gegenübergestellt.[48] Eine kostenintensivere Technik ist die EMG (=Elektromyographie)- bei ihr werden Elektroden im Gesicht des Probanden platziert, um mit dessen Unterstützung die elektrische Aktivität von Muskeln feststellen zu können. Im Zusammenhang mit Emotionen existieren zwei Bereiche der Gesichtsmuskulatur, die für das Erfassen von Gefühlsregungen relevant sind: auf der einen Seite der Currugator supercilii (Regung der Stirn) und auf der anderen Seite der Zygomaticus major (Bewegung der Mundwinkel). Beide unterscheiden sich hinsichtlich ihre Valenz, wobei die Aktivitäten des Currugator supercilii auf negative Emotionen und die Regungen des Zygomaticus major auf positive Emotionen hinweisen.[49] Aufgrund der muskulären Tätigkeitsmessung ist es möglich sowohl bewusste als auch unbewusste Mimik aufzuzeichnen. Daher kann bestimmt werden, ob eine Versuchsperson bei der Durchführung des Testes lügt oder nicht.[50]

[47] Vgl. Dreisbach & Horstmann, 2017, S.134.
[48] Vgl. Brandstätter, Lozo, Puca & Schüler, 2018, Kapitel 11.2.2 Absatz 4.
[49] Vgl. Dreisbach & Horstmann, 2017, S.135.
[50] Vgl. Brandstätter, Lozo, Puca & Schüler, 2018, Kapitel 11.2.2 Absatz 7.

Die Untersuchung der Stimme hat den Vorzug, dass sie kulturübergreifend durchgeführt werden kann, da in jeglichen Nationen eine hohe Stimmlage sowie eine große Lautstärke mit starker emotionaler Erregung gleichgesetzt wird. Zusätzlich ist es ein kostensparendes und flexibel einsetzbares Verfahren. Wogegen die Begrenzung auf Basisemotionen und daher die Nichtberücksichtigung von speziellen Gefühlen als Nachteil bewertet werden kann.[51] Betreffend der Gesichtsausdruckserfassung hat das FACS den Vorteil, dass die Wertigkeit einer Emotion anhand der Mine des Probanden ermittelt werden kann. Jedoch weist die Methode einige Unzulänglichkeiten auf, wie beispielsweise die erschwerte Auffassung von spezifischen Gefühlen. Des Weiteren können willkürlich Gesichtsausdrücke nicht von unwillkürlichen abgegrenzt werden.[52] Die hohen finanziellen und zeitlichen Aufwendungen bei der Ausbildung der Gutachter sind ein weiterer Nachteil. Zudem kann nie eine fehlerfreie Codierung gewährleistet werden.[53] In Bezug auf die Elektromyografie ist die mögliche Differenzierung zwischen einem ehrlichen und einem falschen Gesichtsausdruck als Vorzug zu klassifizieren. Ein weiterer positiver Aspekt ist der universale Einsatzbereich des Instruments, da es zur Auffassung der Daten wenig Kommunikation zwischen dem Versuchsleiter und der Testperson benötigt. Die Erfassung von unsichtbaren Empfindungen sowie die Intensitätsmessung dieser, sind als zusätzliche Vorteile zu bewerten.[54] Konträr dazu kann die ausgeprägte Sensibilität des Werkzeugs negativ eingestuft werden, weil durch minimale Rührungen des Probanden die Resultate verzerrt werden können. Daneben ist die externe Validität nur teilweise erfüllt, da die Methode aufgrund ihres technischen Aufwands lediglich unter Laborbedingungen eingesetzt werden kann. Des Weiteren erschwert die individuelle Besonderheit jedes Gesichts, eine allgemeingültige Vorgehensweise bei der Positionierung der Elektroden.[55]

---

[51] Vgl. Dreisbach & Horstmann, 2017, S.134.
[52] Vgl. Dreisbach & Horstmann, 2017, S.134.
[53] Vgl. Jansen, 2018, S.57.
[54] Vgl. Brandstätter, Lozo, Puca & Schüler, 2018, Kapitel 11.2.2 Absatz 7.
[55] Vgl. Jansen, 2018, S.57.

Physiologische Reaktionen:

Die dritte Komponente einer Emotion sind die physiologischen Begleiterscheinungen. Aufgrund dessen werden sie als Instrument zur Messung von Gefühlszuständen eingesetzt. Hierbei ist das autonome Nervensystem von dem zentralen zu trennen, wobei der Schreckreflex von beidem unabhängig betrachtet wird.[56]

Sympathikus und Parasympathikus sind Bestandteile des autonomen Nervensystems. Sie sind zum einen für die Belebung (Sympathikus) und zum anderen für die Erholung (Parasympathikus) des Körpers verantwortlich. Im Zusammenhang damit werden Faktoren wie der Blutdruck, der Hautwiderstand, die Muskelanspannung, die Herzrate und die Herzratenvariabilität gemessen. Ob der Sympathikus oder der Parasympathikus analysiert wird, ist bedingt durch die Forschungsfrage.[57] Exemplarisch dafür ist der Hautwiderstand mit dem Sympathikus, die Herzratenvariabilität mit dem Parasympathikus und die Herzrate mit beiden Bereichen verbunden. Viele Forscher vertreten die Auffassung, dass für jede Emotion ein besonderes Muster der beschriebenen Aktivitäten vorliegt. Dennoch existieren zahllose Untersuchungen, die das Gegenteil beweisen bzw. eine Verknüpfung zwischen Erregungsdimensionen und ANS-Entwürfen postulieren.[58]

Im Vergleich dazu beruhen Erhebungen des zentralen Nervensystems auf nicht-invasive Praktiken. Dabei werden auf der Kopfoberfläche des Versuchsteilnehmers entweder Elektroden angebracht, die die Blutversorgung der einzelnen Gehirnareale messen oder die Testperson wird in eine Röhre befördert, die die Sauerstoffsättigung im Gehirn feststellt. Grundlage derartiger Techniken ist die Annahme, dass Emotionen im Gehirn entstehen und daher dort erfasst werden sollten.[59] Aktuell werden zwei Methoden zur Feststellung der Enzephalonaktivität eingesetzt. Die ältere ist die EEG (=Elektroenzephalographie)- ihr wird zwar eine genaue Tempusbestimmung attestiert, die räumliche Lokalisation hingegen ist mangelhaft. Somit können größere Hirnareale auf ihre Tätigkeit untersucht werden, wobei die Feststellung

---

[56] Vgl. Brandstätter, Lozo, Puca & Schüler, 2018, Kapitel 11.2.3 Absatz 1 bzw. 2 bzw. 5.
[57] Vgl. MSD Manual, 2019.
[58] Vgl. Dreisbach & Horstmann, 2017, S.133-134.
[59] Vgl. Brandstätter, Lozo, Puca & Schüler, 2018, Kapitel 11.2.3 Absatz 2.

der Handlungsabfolge lediglich zum Teil möglich ist. Jedoch gewährt die exakte zeitliche Erfassung ein simultanes Darbieten von emotionsauslösenden Reizen und den betreffenden Bereichen des Gehirns.[60] Durch die Entwicklung von bildgebenden Verfahren wie zum Beispiel die fMRT (=funktionelle Magnetresonanztomographie) oder die PET (=Positronen-Emissions-Tomographie) konnte der Mangel der Ortsbestimmung beseitigt werden. Sowohl die EEG als auch die fMRT bzw. die PET verbinden eine erhöhte Blutzufuhr mit einer gesteigerten Hirnleistung.[61]

Als Hilfsvariable zur Messung von Emotionen kann der Schreckreflex herangezogen werden. Reagiert ein Mensch erschrocken auf Reize in seiner Umgebung, schließt er in einem zeitlichen Abstand von 30-50 Millisekunden seine Augen und spannt seinen Nacken bzw. seinen Rücken an. Der Lidschluss geht unvermeidlich mit einem Schockempfinden einher und kann somit als Instrument zu dessen Umfangbestimmung genutzt werden. Auf der Basis dieser Erkenntnisse werden dem Probanden Elektroden unter sein Augenlid gesetzt, damit die Erregung der Muskeln festgestellt werden kann.[62] Diverse Studien haben ergeben, dass es mithilfe des Schreckreflexes bzw. dem Blinzeln möglich ist, die Valenz einer Gefühlsregung zu definieren. Ursächlich dafür ist das Vermeidungssystem, das bei negativen Empfindungen alarmiert wird und Handlungsalternativen wie Flucht oder Verteidigung bereitstellt. Demgegenüber blockiert das Annäherungssystem derartige Entwicklungen, wobei es im Zusammenhang mit positiven Emotionen die Schockreaktion mindert.[63]

Die Nutzung des autonomen Nervensystems als Größe zur affektiven Erregungsmessung hat einige Vorzüge. Einer von ihnen ist die relativ einfache und flexible Anwendung der damit verbundenen Techniken. Des Weitern können Aspekte wie die Herzrate oder der Blutdruck schnell gemessen werden, weshalb eine zeitnahe Auswertung der Ergebnisse realisierbar ist. Nachteilig ist die widersprüchliche Befundlage hinsichtlich der Musterbedeutung zu bewerten, da auf der einen Seite viele Forscher der Ansicht sind, derartige Entwürfe spiegeln bestimmte Emotionen wider und auf der anderen Seite eine ebenso große Anzahl

---

[60] Vgl. Brandstätter, Lozo, Puca & Schüler, 2018, Kapitel 11.2.3 Absatz 3.
[61] Vgl. Brandstätter, Lozo, Puca & Schüler, 2018, Kapitel 11.2.3 Absatz 4.
[62] Vgl. Brandstätter, Lozo, Puca & Schüler, 2018, Kapitel 11.2.3 Absatz 5.
[63] Vgl. Brandstätter, Lozo, Puca & Schüler, 2018, Kapitel 11.2.3 Absatz 6.

von Wissenschaftlern den Zusammenhang zu den Gefühlsdimensionen hervorhebt.[64] In Bezug auf das zentrale Nervensystem wurde zwischen der Elektroenzephalographie und der Neurobildgebung unterschieden. Beide Methoden haben den Vorteil, dass sie nicht durch die Testperson manipuliert werden können, da sowohl die Elektroden als auch der Röntgenapparat die unbewussten Hirnaktivitäten erfassen. Darüber hinaus ermöglicht die Elektroenzephalographie eine exakte Tempusbestimmung sowie ein paralleles Auftreten von Gehirntätigkeit und emotionsauslösenden Stimuli. Dieselben Nutzeffekte erzielen die bildgebenden Methoden der fMRT und der PET, wobei die Feststellung der Handlungsschritte einen weiteren Vorteil darstellt. Hinsichtlich der Elektroenzephalographie ist die schwierige Ortsbestimmung zu bemängeln. Die geringe externe Validität ist ein Nachteil, den sich die beschriebenen Verfahren teilen. Zudem haben sie einen hohen Kosten- bzw. Zeitaufwand sowie unzureichende Raumflexibilität gemeinsam.[65] Ähnliche Schwächen sind bei der Lidschlussanalyse zu erkennen, da sie aufgrund der einzusetzenden Elektroden lediglich in einer unnatürlichen Umgebung stattfinden kann. Zusätzlich sind die übermäßigen finanziellen Ausgaben im Zusammenhang mit der Instrumentenanschaffung zu bemängeln. Des Weiteren ist die fehlende Ortsbeweglichkeit eine ungünstige Begleiterscheinung. Jedoch ist die hohe Datengenauigkeit ein Pluspunkt, weil es durch die kurze Reaktionszeit von 30-50 Millisekunden für die Probanden nicht machbar ist, unwahre Aussagen zu treffen. Die schnelle Bereitstellung und Untersuchung der erhobenen Resultate ist ein weiterer Vorteil.[66]

---

[64] Vgl. Dreisbach & Horstmann, 2017, S.133-134.
[65] Vgl. Jansen, 2018, S.60.
[66] Vgl. Jansen, 2018, S.60.

2.3 Diskussion

Die unter Kapitel 2.2 aufgeführten Methoden zur Messung von Emotionen haben unterschiedliche Pro- und Contra-Argumente. Entscheidend für eine Beurteilung sind die Validität bzw. die Reliabilität der erhobenen Forschungsergebnisse sowie die maximale Beseitigung der Störgrößen.[67] Wird das Element des subjektiven Empfindens als Maß zur affektiven Spannungserfassung genutzt, ist die Fragebogentechnik das anzuwendende Werkzeug. Bei der Selbstberichterstattung kann der Proband seine Emotionen möglichst genau benennen und evaluieren, wobei die beschriebene Mündigkeit der größte Nutzwert der Methode ist. Nachteilig ist die geringe Gültigkeit der Resultate, da aufgrund von gesellschaftlichen Erwartungen oder mangelnden Empfindungs- bzw. Ausdruckfähigkeiten oft Verzerrungen entstehen.[68] Ähnliche Schwierigkeiten gehen mit der Verhaltenskomponente einher, denn sowohl die Stimme als auch die Mimik können von den Versuchsteilnehmern bewusst verfälscht werden.[69] Jedoch ist hinsichtlich des Gesichtsausdrucks zwischen der FACS und der EMG zu unterscheiden, denn die EMG ist für solche Störvariablen nicht empfänglich. Durch den Einsatz von Elektroden, die die elektrische Aktivität der Gesichtsmuskeln bestimmen, kann ein echtes Lächeln (sog. Duchenne-Lächeln) von einem unechten abgegrenzt werden. Allerdings bedingt die hohe Validität eine niedrige externe Reliabilität, weil die Versuchsanordnung unter dem Einsatz der erforderlichen Technik nicht in einer natürlichen Situation durchgeführt werden kann.[70] Die physiologischen Begleiterscheinungen sind wie die EMG der Verhaltenskomponente zuverlässige und gültige Größen zur Erfassung von Emotionen. Ursächlich hierfür ist die fehlende Option auf eine Datenmanipulation durch die Testperson. Schließlich können die Indikatoren des autonomen Nervensystems (z.B. Herzrate, Hautwiderstand, Blutdruck) nicht willentlich durch den Organismus gelenkt werden.[71] Damit verbunden sind die Elektroenzephalographie, die Neurobildgebung und der Schreckreflex, weil sie

---

[67] Vgl. Stangl, 2017, Kapitel 1 Absatz 1.
[68] Vgl. Brandstätter, Lozo, Puca & Schüler, 2018, Kapitel 11.2.1 Absatz 4.
[69] Vgl. Dreisbach & Horstmann, 2017, S.134.
[70] Vgl. Brandstätter, Lozo, Puca & Schüler, 2018, Kapitel 11.2.2 Absatz 7.
[71] Vgl. Dreisbach & Horstmann, 2017, S.133-134.

aufgrund ihrer Beschaffenheit vor Verzerrungsversuchen geschützt sind. Dabei ist die Elektroenzephalographie als schwächstes Instrument zu beurteilen, da es altersbedingt lediglich die Orte und nicht die exakte Handlungsabfolge der Hirnaktivitäten bestimmen kann.[72] Wogegen die fMRT und die PET durch den technischen Fortschritt diesen Mangel nicht aufweisen.[73] Ein Contra-Argument, dass die Betrachtung von Faktoren des autonomen Nervensystems mit sich bringt, ist die Uneinigkeit der Forscher darüber, ob Emotionen spezifische ANS-Muster aufzeigen oder ausschließlich in ihrer Valenz nachgewiesen werden können.[74] Alle aufgeführten physiologischen Techniken haben eine geringe externe Validität gemeinsam.[75] Nach einer Abwägung der Vor- und Nachteile ist die Neurobildgebung als die beste Methode zur Messung von Emotionen zu beurteilen, weil sie zum einen eine exakte Lokalisation der Aktivitäten und zum anderen eine Bestimmung der Handlungsfrequenz zulässt. Darüber hinaus können Störvariablen wie kulturelle Wertvorstellungen oder Alexithymie die Ergebnisse nicht verfälschen. Über die hohen Kosten sowie über die geringe externe Validität ist unter Anbetracht der hohen Aussagekraft der Erhebungen hinwegzusehen.[76]

---

[72] Vgl. Brandstätter, Lozo, Puca & Schüler, 2018, Kapitel 11.2.1 Absatz 10.
[73] Vgl. Brandstätter, Lozo, Puca & Schüler, 2018, Kapitel 11.2.1 Absatz 11.
[74] Vgl. Brandstätter, Lozo, Puca & Schüler, 2018, Kapitel 11.2.1 Absatz 8.
[75] Vgl. Jansen, 2018, S.59-60.
[76] Vgl. Brandstätter, Lozo, Puca & Schüler, 2018, Kapitel 11.2.1 Absatz 11.

3. Die Bedeutung des Willens bei der Erreichung von Zielsetzungen

3.1 Rubikon-Modell

Das Rubikon-Modell von Heckhausen und Gollwitzer wurde nach dem von Cäsar im Jahr 49 v. Chr. erklärten Bürgerkrieg bezeichnet. Dabei überquerte der römische Diktator den italienischen Fluss Rubikon, der die Grenze zwischen dem italienischen Kernland und der römischen Provinz Gallia Cisalpina bildete. Durch das bewaffnete Passieren des Flusses sendete Cäsar eine unwiderrufliche Kriegserklärung an seinen Widersacher Pompeius.[77]

Die Entscheidung der Grenzüberschreitung war das Ergebnis eines langen Vergleichsprozesses von Vor- und Nachteilen tangierender Möglichkeiten und stellt einen der drei notwendigen Entwicklungsschritte zur Realisierung des gewünschten Sollzustands dar. Neben der Zielsetzung sind die Zielinitiierung und der Zielabschluss bedeutende Abschnitte von Intentionsumsetzungen. In Abhängigkeit von dem nächstfolgenden Entwicklungsschritt muss der Mensch verschiedene Aufgaben bewältigen, um sein angestrebtes Ziel zu erreichen:[78]

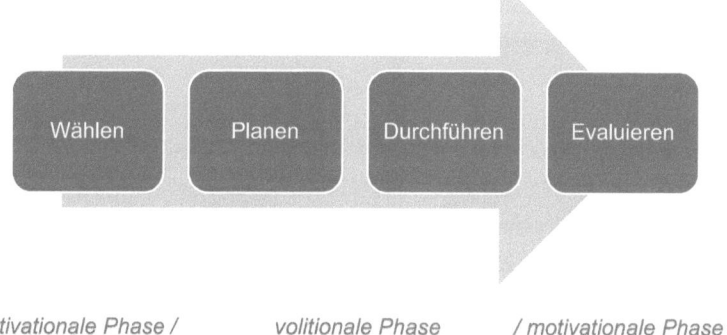

motivationale Phase /   *volitionale Phase*   */ motivationale Phase*

Rubikon-Modell der Handlungsphasen.[79]

---

[77] Vgl. Brandstätter, Lozo, Puca & Schüler, 2018, Kapitel 9.4.1 Absatz 1.
[78] Vgl. Brandstätter, Lozo, Puca & Schüler, 2018, Kapitel 9.4.1 Absatz 2.
[79] Eigene Darstellung, in Anlehnung an Bodenmann, Jäncke, Petermann, Schütz & Wirtz, 2017, S.1460.

Zunächst wählt die betreffende Person ein Anliegen aus einer Vielzahl von möglichen aus. Im Zusammenhang damit werden Pro und Contra Argumente der bisher unerfüllten Wünsche gegenübergestellt. Darüber hinaus wird die Wahrscheinlichkeit und der Wert der Zielrealisierung geprüft, woraufhin das Subjekt endgültig über seine Zielsetzung entscheidet (=Prädezisionale Phase).[80] Die darauffolgende Aufgabe umfasst den Prozess der Planung, in welchem der Mensch überlegt wann, wo und wie er entsprechende Handlungen zur Intentionsumsetzung durchführt (=Postdezisionale Phase). Im nächsten Schritt erfolgt die konkrete Ausführung der durchdachten Vorsätze (=Aktionale Phase). Um zu prüfen, ob das angestrebte Ziel durch die Durchführung der diversen Handlungen erreicht wurde, evaluiert die tangierende Person die entstandenen Resultate und leitet erforderliche Maßnahmen zum Abschluss ein (=Postaktionale Phase).[81] Wie der oben aufgeführten Abbildung zu entnehmen ist, gehören die prädezisionale Phase bzw. die postaktionale Phase den motivationalen Prozessen und die postdezisionale Phase bzw. die aktionale Phase den volitionalen Prozessen an.[82]

3.2 Unterscheidung zwischen Motivation und Vollition

Motivation und Volition sind bei der Erreichung von Sollzuständen untrennbar. Dennoch unterscheiden sie sich in ihrer Funktionsweise- während die Motivation dem Verfahren der Intentionswahl bzw. der Intentionsbewertung zuzuordnen ist, entspricht die Volition dem Verfahren der Intentionsrealisierung. In Bezug auf das Rubikon-Modell bilden die Aufgabenbereiche Wählen und Evaluieren die motivationalen Prozesse ab. Im Gegensatz dazu sind das Planen und das volitionale Prozesse. Unter der Zielauswahl werden die für eine motivationale Handlung typischen Gedanken über Wünschbarkeit (Wert) und Realisierbarkeit (Erwartung) der Absicht gemacht (= Erwartungs-Mal-Wert-Modell). Zudem ist das

---

[80] Vgl. Dreisbach & Horstmann, 2017, S.204.
[81] Vgl. Dreisbach & Horstmann, 2017, S.205.
[82] Vgl. Brandstätter, Lozo, Puca & Schüler, 2018, Kapitel 9.4.1 Absatz 2.

Bewerten einer Intention klassisch für einen motivationalen Vorgang.[83] Hinsichtlich des englischen Begriffs Volition, der im deutschen Sprachgebrauch den Willen bezeichnet, sind die Aktivitäten des Planens und des Durchführens bedeutend. Somit beschreiben volitionale Prozesse das anhaltende Verfolgen von Zielen, wobei die Handlungsebene im Vordergrund ist. Vorgänge jeglicher Art, die eine Realisierung des gewünschten Zustands herbeiführen, sind unter dem Begriff der Volition zusammenzufassen.[84]

3.3 Handlungskontrolltheorie

Das unter Abschnitt 3.1 behandelte Rubikon-Modell befasst sich ausschließlich mit kognitiven Aspekten von Zielauswahl- bzw. Zielumsetzungsprozessen. Jedoch ist es unbestreitbar, dass Abweichungen zwischen den einzelnen Individuen existieren. Derartige Unterschiede sind in der Fähigkeit zur Emotionsregulierung begründet. Daher werden Emotionen in den Ausführungen von Heckhausen und Gollwitzer außen vor gelassen, weshalb sich Kuhl zur Konzipierung einer neuen Theorie gezwungen fühlte.[85]

Mit der Handlungskontrolltheorie wird erklärt, wie es Menschen gelingt, eine Absicht weiterzuverfolgen, obwohl sie sich angenehmeren Handlungen zuwenden könnten. Die rivalisierenden Aktivitäten werden als widerstreitende Handlungstendenzen definiert, die es durch die Anwendung von Handlungskontrollstrategien zu bewältigen gilt:[86]

---

[83] Vgl. Bodenmann, Jäncke, Petermann, Schütz & Wirtz, 2017, S.1125.
[84] Vgl. Bodenmann, Jäncke, Petermann, Schütz & Wirtz, 2017, S.1802.
[85] Vgl. Jansen, 2018, S.107.
[86] Vgl. Jansen, 2018, S.107.

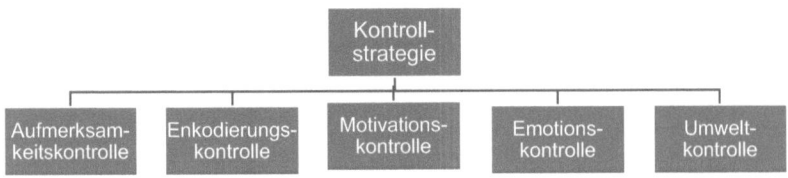

Strategien der Handlungskontrolltheorie.[87]

Eine Methode zur Handlungskontrolle ist die Steuerung der Aufmerksamkeit, dabei werden primär Reize wahrgenommen, die für die Herbeiführung des Wunschzustandes nützlich sind. Ähnlich verläuft die Regulation des Speicherprozesses, da lediglich zielführende Informationsbestandteile abgespeichert werden. Bezüglich der Motivationskontrolle vergegenwärtigt sich die betreffende Person die erfreulichen Aspekte der Intentionserfüllung. Wogegen die Emotionskontrolle eine Versetzung in einen positiven Gefühlszustand, der die Zielerreichung begünstigt, als Inhalt hat. Während die zuvor beschriebenen Kontrollstrategien intern ablaufen, fokussiert die Umweltsteuerung externe Bedingungen des Individuums, wobei störende entfernt werden.[88]

Die Anwendung von Kontrollstrategien kann dem Menschen bekannt oder unbekannt sein. Somit ist das Individuum entweder aktiv handelnd oder passiv bzw. automatisch vollziehend. Das erfolgreiche Umsetzen der Überwachungstechniken wird durch den momentanen Kontrollzustand bedingt, der zwischen einer Handlungsorientierung und einer Lageorientierung variieren kann. Befindet sich die tangierende Person im Umstand der Handlungsorientierung, reagiert sie durch den Einsatz der Kontrollstrategien auf aktuelle Hindernisse, die zur Intentionserreichung überwunden werden müssen. Dagegen zeichnet sich der Zustand der Lageorientierung durch ein Verhalten aus, das lediglich auf die unbefriedigenden Elemente einer Situation gerichtet ist.

[87] Eigene Darstellung, in Anlehnung an Bodenmann, Jäncke, Petermann, Schütz & Wirtz, 2017, S.704.
[88] Vgl. Technische Universität Dresden, 2014, S.64.

Anstatt die Probleme mittels entsprechender Techniken zu lösen, beginnt das Individuum zu grübeln- Auffassungen wie „Warum passiert mir immer so etwas? Das Leben ist ungerecht! Ich habe nie bei irgendetwas Erfolg..." bestimmen sein Denkmuster.[89] Ob eine Person bei schwierigen Gegebenheiten handlungs- oder lageorientiert ist, hängt zum einen von der Persönlichkeit und zum anderen von der Situation ab. Daher kann die Diagnose einer Erkrankung zu den aufgezeigten Gedanken führen oder die generelle individuelle Neigung dazu.[90]

Um die in der Grafik dargestellten Kontrollstrategien zu beschreiben, wird das gängige Ziel einer Gewichtsreduktion als Beispiel genutzt. Möchte ein Mensch sein Körpergewicht reduzieren, kann er seine Aufmerksamkeit auf gesunde Lebensmittel im Supermarkt oder kalorienarme Speisen im Restaurant richten, wodurch er sich achtsam ernährt. Nutzt er das Verfahren der Enkodierungsregulation, speichert er bei seinen Recherchen zum Abnehmen primär Nahrungsmittel ab, die für die Intentionsumsetzung förderlich sind. Demgegenüber kann die Motivationskontrolle in Form der Vorstellung darüber, wie attraktiv man durch sein neues schlankes Äußeres auf andere Menschen wirkt, verwendet werden. In Bezug auf die Emotionsüberwachung versucht das Subjekt negative Gefühlszustände zu minimieren und positive Emotionen zu verstärken, da es sich darüber bewusst ist, dass es vorrangig in schlechten Stimmungslagen ungesunde Lebensmittel konsumiert. Hingegen werden bei der Außenweltbeherrschung Aktivitäten gemieden, die die betreffende Person zum Genuss von kalorienreichen Gerichten verleiten könnten.[91]

---

[89] Vgl. Brandstätter, Lozo, Puca & Schüler, 2018, Kapitel 9.4.3 Absatz 3.
[90] Vgl. Brandstätter, Lozo, Puca & Schüler, 2018, Kapitel 9.4.3 Absatz 4.
[91] Vgl. Bodenmann, Jäncke, Petermann, Schütz & Wirtz, 2017, S.715.

Literaturverzeichnis

Bodenmann, G., Jäncke, L., Petermann, F. & Schütz, A. (2017), Dorsch-Lexikon der Psychologie. In: Wirtz, A. (Hrsg.), Handlungskontrolle-Handlungskontrolltheorie-Motivation-Rubikonmodell-Volition-Wohlbefinden, 18. Aufl., Bern, S.714 bzw. S.715 bzw. S.1125 bzw. 1460 bzw. 1802 bzw. 1840.

Brandstätter, V., Lozo, L., Puca R. M. & Schüler, J. (2018), Motivation und Emotion, 1. Aufl., Berlin Heidelberg.

Bucher, A. A. (2009), Psychologie des Glücks, 1. Aufl., Weinheim Basel.

Dreisbach, G. & Horstmann, G. (2017), Allgemeine Psychologie 2, 2. Aufl., Weinheim Basel.

Heining, N. (2018), Glücksprinzipien, 1. Aufl., Berlin Heidelberg.

Hofmann, S. G. (2018), Emotionen in der Therapie, 1. Aufl., Tübingen.

Jansen, L. (2018), Emotion, 1. Aufl., Studienbrief der SRH Fernhochschule, Riedlingen.

Jansen, L. (2018), Motivation und Volition, 1. Aufl., Studienbrief der SRH Fernhochschule, Riedlingen.

Martens, J.-U. (2014), Glück in Psychologie, Philosophie und im Alltag, 1. Aufl., Stuttgart.

Montag, C. (2016), Persönlichkeit- Auf der Suche nach unserer Individualität, 1. Aufl., Berlin Heidelberg.

MSD Manual (2019): Übersicht über das autonome Nervensystem- Physiologie, https://www.msdmanuals.com/de-de/profi/neurologische-krankheiten/autonomes-nervensystem/%C3%BCbersicht-%C3%BCber-das-autonome-nervensystem, abgerufen am 07.05.2019.

Stangl, W. (2017): Gütekriterien empirischer Forschung, https://arbeitsblaetter.stangltaller.at/FORSCHUNGSMETHODEN/Guetekriterien .shtml, abgerufen am 11.05.2019.

Technische Universität Dresden (2014): Motivation, Emotion, Volition- Volition und kognitive Kontrolle, https://tu-dresden.de/mn/psychologie/ifap/allgpsy/ressourcen/dateien/lehre/lehreveranstal tungen/goschke_lehre/ws_2013/vl_motivation/VL08-Volition-Teil-II.pdf?lang=de, abgerufen am 09.05.2019.